Gisela Kraft
Matrix
Broschur 201

"Beleg" für
Ambest

Herbst 2004

Gisela

Gisela Kraft
Matrix

Gedichte
Mit Original-Offsetlithographien
von Walter Sachs

MMIII

Verlag Eremiten-Presse

MUTTER UNSER
die du bist im ozonloch
geheiligt sei deine quote
dein bauch komme
dein wunsch sei befehl
in wind geblasen auf sand gebaut
gib uns stoff
und vergib unsern geist
wie wir vergeben unsern politikern
und wende nicht den genossen
sondern ändere unsere gene
denn du bist luft
und sanfte gewalt
für den rest der zeit
ATEM

AKTE BAMBERG

I
wenn du in die zukunft siehst
hängen da hexen im rauch
fragnerin schorrin schultheisin
hammerbachin mülzerin vöglin
der himmel ein schlot die strahlen
der sonne zu riemen geflochten
poppin pausweinin häffnerin hülsin
einhändlerin einhändlers dorl
den türknopf drückst das gepfählte
haupt mit bleckenden augäpfeln
krausin spießin krumpholzin
mostnerin holzapflin eisenbeißin
hinterm rücken handgelenke verknotet
zug zur decke empor und fallenlassen
fränzlerin hupperin reschin
weiglerin mümpferin dicke schmidin
zerbeißt deine lebenslinie du stolperst
gradaus in die diele wo geflügelte putti
beuerin keilhölzin seuberlichin
siebenhünerin fegerin fürstin
fehlen im fresko am alten rathaus
daumenschrauben gefältetes stüblein
appendorfs hirtin schadin weibertuchin
schrepferin steinerin blindes mädchen
vom treppengeländer mit putzigen pfeilen
dein wams zersieben das flickt dir nicht

büttnerin bertelmännin weihbischofs köchin
grauserin schleichin gießbacherin
gott in der ewigkeit

II
geschmeiß der truden
im moorwald tanzen gesehen
kretzerin götzin schlauchin
verliebt gewesen
nach wallfahrt verführt
möschin zieglerin biedermännin
vieh getötet flöhe gemacht
verstockt wie allzeit
rössin mistfelderin herbstin
kind ausgegraben gesotten
schmiere daraus gemacht
pfisterin milchin großköpfin
in die luft gefahren früchte
damit besprengt alles erfroren
marggräfin böhmerin welschin
vaterunser nicht beten können
avemaria nur halb
rütschin leinhosin krauchin
sau und pferd ertränkt
schadenszauber katze getötet
zöllin hornschneiderin rebenstöckin
beim viehheilen aufgefallen
läusemachens beschuldigt
gällin reichin fleischmännin

hostie aus dem mund genommen
tod des kindes und kalbes
eichelin füchsin möhrin
bei frost mitgeholfen
sechzehnhundertundsechsundzwanzig
seilerin feinin wirtin zum siebenturme
aus den planeten gelesen
teufel die hostie gegeben
geißlerin räbin staubin
verwahrlost verdreckt
bußfertig gestorben

III
schusterin grauin
mit ruten gedroschen
mit der leiter gestreckt
instrumente gezeigt
unter den achseln gebrannt
hallerin henkelmännin
zug stein und gepeitscht
tortur zug und etliche streiche
bock weil zug gebrochen war
gütlich rasiert
hübnerin grasin
bock ein wenig
heißes kalkbad
versalzener fischbrei
sich sehr gewehrt
löberin zerrerin

zug mit stein
stein und gerüttelt
köpfen mit verbrennen
peinlich bekannt
hagerin ehemännin
tortur durch den triller
nadelprobe zug leugnet
malefacta widerrufen
ganzer schöppenstuhl daselbst
pantzerin reublerin
griff mit glühenden zangen
hand abgeschlagen
wolle gern sterben
verbrannt
baderin linsin

IV
bräunin
heckin
anna babel
reuterin
höpflerin
gauzin
körberin
liechtensternin
hofmännin
büchnerin
fladenbeckin
mägdlein aus steinwiesen

bischöffin
neudeckerin
stoltzin
du atmest
seelen ein seelen aus
auf deinem teller
in getäfelter schenke
haxen halb tier halb weib
marter mit messer und gabel
gezapfte unschuld im krug
auf dem keller gelächter
aus boxen foltergeschrei zu tode
gedudelte minne
wenn dir schwarz ums herz wird
wenn du in die zukunft siehst
lange gasse judengasse hinunter
sieh nicht fort bleibe unruhig

ABORT

komm nicht
nicht jetzt
jetzt ist nicht zeit
zeit blutet aus
aus unzeit wächst eine andere welt
welt arglos wie ein kind
kind dann komm

FORMEL 1001

freilich
gleicht der mensch
einer rose
nur birgt er
sein ich im dorn
statt in der blüte
aus furcht
vor schlagenden
nachtigallen

SYRINGE

bahnhof groß köris. neben gleis eins
übern holzlattenzaun schleppt flieder
ich reiche nicht hin. die bahnmeisterin
angelt mir einen ast mit der kelle
während der abendzug einfährt
dafür ist zeit lacht sie. drei zweige
brech ich aus der achsel und spring
das welke muß man entfernen ruft sie
wir haben das welke entfernt
lebenslänglich blüht uns ein rest

FELDER BEI GELMERODA

samtflecken übereinander gelegt
vernäht von stadtflüchters hacken
unverwüstlicher stoff
engel vor eggen gespannt
bürsten ihn saatfein
glanz der nach erde duftet
ein rock der hält eine welt
löcher von schnuppen geschlagen
nachgewebt jahr um jahr
von ackerschachtelhalm quecke
zugeworfen mit staub
wo alles geblühe wurzelt
zwischen winzigen taschen
klausen der mäusegemeine
morgenweis härchen gespitzt
gegen den leergeleuchteten himmel

PERSISCHE SANTUR
für Thomas Ogger

der ton
der aus dem schlag entsteht
überdauert
den schlag
den herzschlag
den steinschlag
den schicksalsschlag

AN HAFIS

ich lese deine verse
und kann sie nicht schreiben

in der schenke
sprachen wir lange
hörten den tropfen zu
die aus dem glas
in unseren mund liefen
verglichen sie mit gott
uns mit der erde das glas
mit dem himmel

wir waren uns eins
die nacht finster

du schläfst noch ich
sitze beim morgenwein
die hütte verlärmt
am nebentisch *meister
der trennung* die faseln
gott ist unvergleichlich
glas ist unvergleichlich
du bist unvergleichlich

sie schreiben deine verse
und können sie nicht lesen

NACHT UND NEBEL

hören und sehen
vergangen

meine arme
vorgestreckt wie
zwei blindenruten
muten die zukunft

in meinen aufgesperrten
ohren durchfliegt
eine eule deine
biographie

ungeschöpfte
beschriebene bögen

SOZIALIST IN FLACHER LANDSCHAFT

wo das mürbe gehöft
in die koppel mündet
sammelt er brocken
von abgefallenem putz
in hunderten hosentaschen
streicht ein stück grün
mit der sohle glatt und breitet
darüber sein rotes taschentuch
daß beide farben
zusammengehören
habe goethe gewußt
weil es beim denken zugehe
wie in dem erlenknickicht
immer wächst neues nach
und gelumpe bleibt hängen
doch das seien samen
überhaupt: die sprache
über-haupt: überbau
unter-wegs: basis
wobei auch wörter erst aufgehn
wenn sie am boden liegen
und er kratzt sich den kopf
als sollten sie purzeln
erde mit sieben siegeln
pustekuchen. hier herum
ein aufgeklapptes buch
die zeilen läuft einer ab
per pedes. ein paar felder

klecksen wir bunt
paß mal auf. er polkt
einen trockenen kuhfladen
los und packt ihn zur seite
sorgfältig wie ein brot
keine bibel beileibe
gott sei nicht gemeint
doch in den fließen pulse
güte die wolle er lernen

UFER DES ZEMMINSEES IM MÄRZ

prinz kälte hat die hecke niedergerissen
spinnrocken diesiger feen blecken im freien
der koch holt unverwandt der welt zum schlag aus
ein jahrhundert tat dornröschen kein auge zu

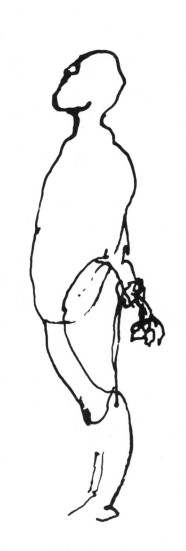

ZEMMINSEE. SEPTEMBER

bootswirt erich ist tot
sein sohn dem leben abgeneigt
die nägel des stegs verrostet
ich würge den kahn
ins sieche laub einer erle
durch meine schläfe mäht
die autobahn berlin-forst
drei salven unerklärten kriegs
pro herzschlag. natur eine närrin
der haubentaucher. der bauch
des zanders ein weißes scheit
das davontreibt. halb sieben
am abend: die zeiger der uhr
mein geknickter riemen

AN DER GROBLA

ex soff wassermann
beim erdkohlenwirt
laß zampern germanengesindel!
kein grund zur einkehr
ein sarg macht zwei kähne
wenn du den deckel mitzählst
im dickern kommt zauches letzte
heimbürgin übern hochwald gestakt
schlägt den alten ins nebeltuch
da die herrn der welt sich niederlegen
wer wollte nicht auferstehn!
im flachern stößt sie ihn ab
galle weint er die stockt
in den augenringen. allezeit
ins schwarze trifft wer reinfällt

UR

als ihm die welt
von den hörnern fiel
brach dem ochsen das herz
die welt schlug am fisch
weich auf
aber der ochse herzlos
muß weiterdenken
tausendundeine welle
im ozean schuld
wer ihn treiben sieht
verwechselt seine stirn
mit erde
und furcht sie

VINETA

welch ein duften
unter dem rauschen. phlox
säume werfend über den tretpfad
der dichter der in der küche kräuter
schneidet beriecht seine fingerkuppen
an der kirchentür naseweises
erschrecken. innen irdener gott
draußen sommer

vom boden herauf
zwischen gräbern geräusche
einstürzendes schneckenhaus unterm
stiefel gastgelächter wo das bleibende sei
glockengeläut. kühltruhen versunken
die buddel schnaps für den derwisch
botschaft die einwärts wandert

dat sit und sit
leise wie wange und träne
mahlt salz und quarz aneinander
hinterm mühlenfenster die weiße figur
will vom schauen nicht lassen. die welt
eine scheibe zwischen leckenden zungen
auferstanden der nix

WINDSTILLE
der fluß vergißt
seine strömung
schatten gehen
in kindheit über
du wolltest
noch etwas sagen
das hatte schon
AUFGEHÖRT

Apennin

ASSISI

stadt unterm bauchfell
gassenfaltiger uterus
wer hier seinen hals
herausstreckt den holt
eine windsbraut zur welt

Apennin

BUCA DI SAN FRANCESCO

sie: prinzessinnenhals
perlmuttknöpfe auf keiner brust
er: blauweiß gesteifter kragen
speaking american
pippi beim obstsalat
hackfleisch mit grünem pfeffer
prostet den beiden zu
franz ein paar punks
zur seite hätte den bunker
gestürmt und gebrüllt
hört auf zu fressen
geschwister schweine!

Apennin

CLARAS ADRESSE

damiano wird restauriert
kostenanschlag zweihundert milliarden
lira. teuer kommt uns dame armut
zu stehn. ripara la mia chiesa!
kalkschotter vom apennin
geschlagen mit umbrischem regen
pilger segeln auf schirmen
durchs baugerüst. bimmelnder
angelus schmiegt den ölhain wie tang
um die schenkel der lämmer

Apennin

CLARISSE

ich kämpfe nicht mit
ich sterbe langsam
traurig singe ich lieder
die dir nicht helfen
die von dir handeln
du mutter und kind mir
papierene taube
dein tod in mein brot gebacken
du an gottes statt
an meines kreuzes stelle
die wunde mein glück
die dich zeichnet
du anderswo
ich an der arbeit

Apennin

SCHAFSKÄLTE

ein kreuz
dieses wetter
clara strickt franz
ein paar socken
fürs dritte jahrtausend

Apennin

SANTA MARIA DEGLI ANGELI

hier in der ebene wollte er liegen
fersen am boden
waden
becken
rippen
ellenbogen
schulter und haupt
der mensch ist ein blatt sagt er
das sich vom keim im mutterleib
bis zum tod in gott
flach ausrollt

AM DRITTEN TAG DES OKTOBER
der heilige franz in portiuncula
auf dem sterbelager. einige brüder
zu seiner pflege. verzückte und zweifler
der orden steht. rom hat genehmigt
die armut ein beispiel aber keine regel
damit fällt der orden. es steigt der staat
der jeden zehenten der armut opfert
am boden der leichnam. seht die eifrigen
getreuen beim ascheschaufeln. darunter
die male hören zu bluten auf

HERMAPHRODIT

uffizien. besuchergewälz. die eiserne
schranke vor raum siebzehn. im augwinkel
rechts ein nacktes mensch beschläft
einen stein. leichte seitenlage daß
gemächte wie mamma eben herausschaun
bloß zur anderen wand. bedaure dies ist
kein spiegelsaal. verdammt doch geschaffen
die kurie rast das kuratorium wiegelt
ob schön obszön. was vatikan mutti kann
hellenistischer gottseibeiuns! wo käme
die liebe hin ohne subcubus: einer der
immer unten liegt. bitte weiterzutreten
meine herrn meine damen nehmen sie einen
blick vom allerwertesten! jenseits irrt
nur die fliege sündlos. eine frage nicht
der utopie sondern der proportion

Lesbos

VATERA

sonne gestrandet bezahlt
von abend geflogen kommen
hühnergeschwader traumlos
gepfählt und geröstet
verzehren sich selbst
keiner entsorgt die knochen
in hingemörtelten häusern
aufgezogen bis zum jüngsten tag
trillern kanarienvögel

Lesbos

PLOMARI

jede botschaft ist sentimental
auch der mangel an botschaft
die kreissäge vertritt die grille
bei tag. an der bejahrten platane
rütteln pferdestärken. kommunale
eselei brüll ich. wie bitte. geschenkt
bermudas aller länder vereinigt euch
am dreieck des dorfplatzes. krachseidner
kokon der beschaulichkeit. rembetiko
röhrt aus zugerostetem quellhahn
symphilosophie der defekten anlasser der
überholten anlässe. ein pulk fliegen
sprenkelt den quark. versprengte osmanenseelen
unterm tischtuch das glattbetonierte
bett des potamos: zweimal parkst du den
wolga nicht im selben quadranten. noch
einmal schreist du. nein *abfahrn*

Lesbos

KALLONI

liegestühle auf müll
gedicht drüber
meine kippensuchzehen
tänzeln zwischen dem saum
der angetriebnen meduse
und allerleisamt kallonischer
katzen. leicht abgehoben
beginnt schon das glück
auch der rüde vom zottelsalz
wenn er zur nacht die gepunktete
schönheit umstaubt markiert
höhere schule. tags hat sturm
den lepetimnos vergewaltigt
zärtlich und mit großer geste

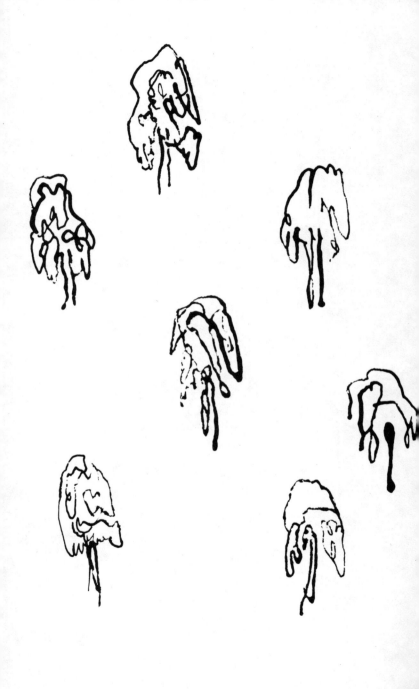

Lesbos

VOR ASSOS

übers meer geht sappho
auf weißem kothurn
wie sie der lieblingin
nacheilt zum horizont
genügt ihrem bild zuletzt
eine münze oder muschel

MASS MEINER ELEGIEN
streng nach dem grillengeschürfe
zwischen staub und gestrüpp
des sapphischen pyrrha
das die sintflut fraß
vom erhöhten tempel
liegt noch ein haufen
schutt. so soll heute
gesungen werden: heiser
HÄSSLICH WIE MESSERSCHLEIFEN

PETALOUDES

die motten von paros
in naussa oder punta
geschlüpft finden ihr tal
der seligkeit allerwege
acht grad kühler als
das kykladische mittel
mannshohe büsche vor
greisen zedern: paradies
des sich hängenlassens
in punkto paarung haben
die motten von paros
säugern frieden voraus

Minoa

GEORGIOUPOLI

heiterer greis
der die kamera
überm nabel der welt
vor sich her trägt
wie schön glaubt er
blinkern die bilder
gerahmt von zukunft
leuchtturm auf tod komm raus
im meer der motive

Minoa

PREVELI

als sich der letzte
mönch am splitter
vom heiligen kreuz
den brand holte
wurde ein kater abt
in schwarzweißer soutane
döst er den rosenkranz

Minoa

TAVERNA ZORBAS

drei kinder fischen
aus der tonne
eine ertrunkene schnecke
o totto tottoto toi
wie deuten sie später
den dunklen punkt
in der erinnerung

Minoa

FALASSARNA

mäuse klimmen an rohren
entartete kakerlaken marschieren
durchs schuhwerk bocksgehörn
schlitzt den pfad ein köter leckt
meinen fuß ringsum urwelt
minoas verschollene zunge
wer hier wohnt brüllt oder schweigt

Minoa

ARCHANES

mein bruder orest
albanischer hirt auf kreta
braut türkischen mokka
dann was hast du was kannst du
auf zarter suzuki mit reifen
wie armreifen dünn
den juchtas umrundet
stop anemospili
blick auf knossos amnissos
kein fels auf dem andern
menschenskind halt still unterm strick
messer halt still in der halsschlagader
eimer halt still unser gott säuft blut
knackt die insel wie eine pistazie
orest nimmt die piste einhändig
die linke zählt sein alter in die luft
beim erdbeben zwei tage später
kreiselt nur mein weinglas

Minoa

KATO ZAKROS

ich hoffe nichts
ich fürchte nichts
ich bin frei
epitaph kazantzakis

die gänseherde berät
ob das strandkieselzittern
heute den dreiundzwanzigsten mai
neunzehnhundertundvierundneunzig
neun uhr einundfünfzig ortszeit
als uns die füße watschelten
ohne erklärten gänsewillen
zeichen des endes sei
nein schnattern sie frohgemut
nachfahren des palastgeflügels
ausgebrütet in heißer asche
seit siebenunddreißig jahrhunderten
futtern wir gnadenbrot wie es
von den tavernentischen herabfällt
fade doch unverweslich

wir bewegen nichts
uns bewegt nichts
wir laufen frei

ANTISSA. LESBOS

orpheus
kopflos, ein geist
sieht am fuß des felsens
sein haupt anschwemmen
bekränzt, die haare
mit kräutern und lorbeer verfilzt
an einer gelösten saite
die leier im schlepp
was euch blieb: mein gefege
durch den schlund zweier meerengen
gewrungener rest
greif zu, terpander
arion, den knäuel herausgefischt
und hinter dir hergeschleift
alkaios, beachte das feine
wetzgeräusch in der sprache
müßig die liebe, sappho
gleichgültig unser geschlecht
verluderter gott, der mich scheuchte
tot, ohne hände
aus einer drachenschläfe
deine wiege zu höhlen
schrei nur, draußen hören sie musik
am ende spring, gegen abend
der sonne auf
du findest mich dort

BERLIN 1983
für Heiner Müller

komm ich
in die pizzeria, will da
in der pizzeria schreiben
sitzt da
in der linken pizzeriahälfte
einer, schreibt da, geh ich
in die rechte pizzeriahälfte
schreib da
hab ich geschrieben
gegessen, bezahlt
geh ich an ihm, der da
sitzt, schreibt
vor sich flasche und glas
vorbei, zur tür
ach, der
kenn ihn aus bilzingsleben
haben mit zwei spießen
den eber erlegt
die beute geteilt
du braten, ich bloß
die schwarte
rechts jetzt keiner
links einer, der da
sitzt, trinkt, schreibt
am morgen in der pizzeria
nichts los

MARIA ROJACH 1959
für Christine Lavant

doktor rath
die räthin
der kaffeetisch auf der terrasse
blühender fingerhut
die dichterin
ihr geblümtes
schultertuch
glänzende seidenfäden
weiße tassen
die tänzerin, zu besuch
die rede vom mann
der dichterin, im
nachbardorf, an der
staffelei, ein greis
der blick auf halbhohe
bergkuppen, muldig geschält
vom lavant-bach
wie wasser verkocht
verbacken zum gugelhupf wird
von mehl und hefe
die tänzerin knetet
die finger, der weiße
ellenbogen der dichterin
fahrig vor der rabatte
glühbunter zinnien

AUS DEM JOURNAL DER
LÖWENAPOTHEKE ZU WEIMAR

greises jahrhundert
stadt mit silbernen
schläfen, darin
nietzsche, umnachtet
nietzsche hustet
dagegen sei allerlei
kraut gewachsen
nietzsche leidet
die haut, die seele
in fetzen, damals
fehlende liebe
hat ihn zur liebe
ohne liebe getrieben
gegen die folgen
streiche man salbe
auf, ohne folgen
der löwe lindert
löst aristol in lanolin
und schweineschmalz
ausgegeben den
vierzehnten dritten
achtzehnhundert-
undachtundneunzig
nietzsche weiß von
alledem nichts
er geht, mit
dem jahrhundert

VERSTUMMTER LEICH
für Johannes Bobrowski

vor fünfundsiebzig jahren erschienen
seit siebenundzwanzig fort
die wucht des dreiviertel jahrhunderts
schlägt feiern aus der apathie
saumküsser laden nach friedrichshagen
die räudige kirche schuppt sich
hier sang er im chor! schnarrt
der pfaff der ihn eingescharrt
freilich ein dichter! wennzwar christ
also schnauft der poetische pöbel
ins vestibül. feind und feindin
verschränken ihre gesäße
wie sterblich er war. pest der penicilline
sein blut unter der achsel des nachfahrn
nebendran gott im verrammelten käfig
über den wänden
stein, über den bögen
die kuppeln aus wind
versunken vermuschelt
die göttin der nebenbedeutung
weint in weiß. unsereins
leert die blase bei trockener kehle

Berlin-Friedrichshagen, 9. April 1992

STRASSE ZUR ROLLWENZELEI

vorsicht. die landschaft entweicht
zwischen aue und erdkern
millionen fuß watte

sag fuß und sieh füße. nämlich
jean pauls die steppen das futter
wieder fest an den stoff

sitzt er denn nicht und schreibt?

göttliche zeilen stapft er
auf fränkische wiesen

auch wenn es regnet?

immer. irgendwo muß es ja bleiben
das bier das der tote
seither nicht mehr trinkt

    Bayreuth, 12. Oktober 2000

Pflasterstein für Jean Paul

UNTERSEITE

EIGENE ARTEN
des schweigens
eins dessen herz
bis zum hals schlägt
eines aus trauer
eins von geschwätz
wenn wortfülle
steinerne dichte
erreicht wird stumm
deckt sich mit tod
eines eins mit der
leere vor erschaffung
DES STEINS

Pflasterstein

OBERSEITE

GEFLECKTER HIMMEL
druckstellen des äthers
wanderer über weimars
marktplatz du trägst
meinen tisch auf dem haupte
bierkrug und tintenfaß
ein verschworenes paar
pegel im freien fall
während schräg drunter
wo die linke leicht hinlangt
der spiegel im nachtgeschirr
steigt füllt die rechte acht seiten
behüte liefen dir schauer
drob den rücken hinunter
wirbelt frau wirtin treppab
treppan zwecks mütterlichen
wechsels der flüssigkeiten
einschenken fortschütten
hof- sprich hühnerwärts
beiläufiger pieselregen
auf blumen zwiebeln krause
petersilie leute das muß
von ganz oben kommen
vielleicht weiß mans
weint gott über weimar
DIESEN MORGEN

Pflasterstein

OSTSEITE

DAFÜR DASS EWIG
die sonne um die ilm
eine schlaufe legt und
der so stetig mit licht
umwickelte fluß statt
zu verdampfen wie ich
in schmaler kuhle sich
herumwirft während
uns schönes träumt
wollen wir tapfer auch
aufgerissenen auges in
wirbel gepreßt auf der
stelle rumoren wo kalte
ERDE UNS ANZIEHT

Pflasterstein

WESTSEITE

MEINE GELIEBTEN
dämmerwölkchen
purpur der hinter
den galgenberg fällt
es fällt das rot
in der sonnenscheibe
während sie stürzt
nichts da blind
starre ich gegen
die brandmauer
zeit mein gehäuse
nach dem himmel
zu drehen bis am
ende mein blatt
wie es eben daliegt
in rosigen farben
aufglüht von den
FIGUREN DES ABENDS

Pflasterstein

SÜDSEITE

WAS KOMMT MIR VON MITTAG
oder bleibt fern
geheimer und hofrat
in kutschen gemummt
solvent gepäppelte weisheit
was bleibt ihr übrig
als lackierter verschlag
und ein gabelpferd
um die höhere warte
bücklings am bart zu kraulen
gnädigst fahren gelassen
heim ins geheizte derweil
dero frauengezimmer
ob ehelichtens ob ledig
weidlich gesindebewehrt
durch rosenkohl stiefelt
hie wimpern gesenkt
da eingesacktes gemüse
sputet euch herrchen pfeift!
mahnt vom fenstergesimse
euer sixtinisches engelchen
dem keine madonna noch
gar rosinette erscheint
AUS DER FRAUENTORGASSE

Pflasterstein

NORDSEITE

WAS ICH HATTE
ein wort auf der zunge
jahrzehnte später
schafft es äonen
EINSAMKEIT

EINTRAG
NEUNTER ZWEITER FÜNFUNDVIERZIG
für Reinhild

I
kaufhaus kröger am markt
zweite etage
wir stöbern in kästen
mit strümpfen und weißer wäsche
du innen ich außen
von mutters bauch
vor dem windelregal
fährt die sirene dazwischen
fliegeralarm die lappen laßt
lauft um das nackte leben
ein katzenschweres im leib
ein kinderleichtes am mantel
keucht angst selbdritt übern platz
frauentorstraße
frauenplan *goethe* frag später
schwirrt ein engel voraus
ums jugendstilhaus
was *wieland* wann *sommers*
humboldtstraße
so steil bergauf
daß erde sich fast auf die stirn legt

II
es war einmal
als urgeschichte
an weimars himmel
christbäume pflanzte
weil frühgeschichte
unterm glitzerbaum mit bomben
murmeln spielen wollte
sieben tage nach lichtmess
als die hauben der sophienhaus-
schwestern zu flattern anfingen
gebete gurrten
vergeblich
bis auf der brosche von oberin göttin
tante gertrud
das kreuz
flammenrot tanzte
die nachtblaue stola
ihr wie ein strick um die hüften schlug
als sie uns gelinde
die treppe hinabstieß
unter der kellerdecke
durch endlose weiße rohre
wie weiß verbundene gebeine
spülten die lügen des führers

III
kaum zeit
keine ohren den donner
zu fassen
die stille zwischen dem donner
zwölf uhr siebenundzwanzig
draußen
ein sonniger freitag
kröger ruine
frauenplan wüste
wo du bist
geh fort
wo du gehst
sieh daß du davonkommst
denn orte und wege
reißen ab hinter deinem rücken
als ob der engel seine flügel verliert
drinnen
erfüllt sich die schrift
ein schrei eine trage ein zeichen
bleisatz in lebensgröße
der keller ein psalter
den keine kehle mehr leersingt
mutter dreht mich zur wand
du drehst dich im leibe
ein uhr
nicht augen genug
soviel blut zu verweinen

IV
abends
brannte die stadt
kommenden abend
blakte eine petroleumfunzel
krümmten sich hundert verletzte
unterm kreißsaal in wehen
kamst du ans licht
tausende ahnen am werk
keule und fackel
windel und brosche
jede wunde ein schoß
zeigte mutter dich her
mondenfarbenes tierchen
wühlten wir uns ein wochenbett
zum wilden graben
bis der krieg drüber hinging

GROSSMUTTER

greise dame johanna
zierliche zehen auf weimarer muschelkalk
hacken nie zu senken gewagt
der leib eine steile welle aus lila seide
bis zum gesmokten mieder
samtband mit medaillon
um dünnen in früheren leben
gewürgten hals
ihr gesicht von der art
die antlitz heißt und verschwimmt
aufwärts das haar
im netz gehaltene nachtblaue blüte
hoher gesinnung
DAS WAR EINMAL
WAS ICH DENKE
DARUM DENKE ICH NICHT
an wilhelms des zweiten geheimen rat
heinrich seit dreimal vier jahren
von meiner schulter geschnitten
zur leinwand gewechselt
über dem vertiko
SEHE NICHT HIN
SEHE DIE NIEDERGEBÜGELTEN RANKEN
DER WEISSEN DAMASTTISCHDECKE
FLIMMERN IM BLAU SEINER AUGEN

GROSSVATER

weiß sich belobigt
bewirtet den vetter des kaisers
führt den herrn durch den berg
führt häuer und steiger
(einen der honecker heißt)
ist gut leider auch gütig
baut über tage den lungen
der kumpels hütten mit gärtchen
was den profit aus den zechen
mindert sieht sich alsbald
wegbefördert vom fördern
von der saar an die spree
möchte allda die reine
lehre des bergbaus verwesen
führt ein haus zu berlin
verliert sein vermögen
im bild wird er lächeln

TEICHGASSE

1
ein kuckuck
ruft fünfmal aus
geöffnetem fenster
hier messen vögel
die zeit

2
eine gasse sieben läden
fünf verwaist
vom antiquariat zur
bausparkasse gegenüber
dreizehn schritte
ein traum
im neuen haus
ein altes buch zu lesen

3
als wäre anno barock
einem weimarer logenbruder
leidiger stadtsorgen halber
bei scharfem nachdenken
die stummelpfeife halb
aufgeraucht erloschen sowie
nach ablage zur seite gekippt
wonach herder in seiner güte

dezennien später das verkohlte
kraut über die mauer gezogen
gesegnet und zu wackerem
buschwerk gepäppelt hätte
findet der nachfahr durchaus
von oben besehen rauchzeug
samt sträucherzeile am platz

4
wozu seile gespannt
fiat am wegerich
audi von beifuß ausgebremst
trotz distel kein lack ab
mercedes im klettenbett
zehn meter mutter natur
einst freigebombt
säumt vaters augapfel
mit grünen wimpern

5
gekehrt geteert
zwischen brunnen und strich
die freier entsteigen
funkelnden gefährten
schattige stirnen
pralle gesäßtaschen
pech gehabt süßer
rosmarie alt tot

vernagelte läden fassade
visage eingefallen gelb
blätternde schminke hier
wird nicht mehr geliebt

6
andere umstände bei BÖHLAU
die geburt zweier völker droht
zwischen plan und pleite ganz
weimar im banne des führers pst
maria pawlowna die moskauer metro
gekapert zurückgekehrt endlich
mit reichlich logik der willkür
die erfindung des goldbroilers
als entdeckung des ich verkauft
wäre hier nicht die abtreibung
allemal der rechte weg gewesen
oder schlicht gattenmord GMBH

7
bier und zwiebeln
zu dicken zöpfen
geflochten blecken
noch immer im dunst
darin die alte jüdin
über tisch und theke
davongetanzt war

8
winters alle vier wochen
macht vollmond sichs auf
herders garten bequem
weißmäulig die nackten
äste von hasel und esche
wie salzstangen futternd
während er durch hellichte
scheiben schräg übern damm
einen film anschaut drin
geht es um nichts als geld

9
zwischen dach und kirchturm
im gewand einer wolke
der neue mensch:
oberschenkel leicht krumm
rippen zierlich
fontanelle mit schweif
hals über kopf
übern wetterhahn
blassere formen im sog
rasch ziehender zirrus
gott weiß wo hinab
zur empfängnis

GISELA KRAFT
geboren 1936 in Berlin, lebt in Weimar. Bis 1972 Eurythmie, danach Studium der Islamwissenschaft, 1978 Promotion über den türkischen Dichter Fazil Hüsnü Daglarca. Zahlreiche Buchveröffentlichungen sowie Nachdichtungen aus dem Türkischen.
Bei der Eremiten-Presse erschienen: *Istanbuler Miniaturen*, Gedichte, 1981; *Aus dem Mauer-Diwan*, Gedichte, 1983; *Müllname oder Vom Abschied der Gegenstände*, Prosa, 1984; *An den zeitlosen Geliebten*, Gedichte, 1985; *Prinz und Python*, Erzählung, 2000. Ferner die Nachdichtungen *Surnâme – Man bittet zum Galgen* von Aziz Nesin, 1988; *Ralbitzer Sonntag* von Marja Krawcec, 1993.

WALTER SACHS
geboren 1954 in Weimar, lebt dort. Studium an der Hochschule für Bildende Künste Dresden. Seit 1981 freischaffender Maler, Graphiker und Bildhauer. Zahlreiche Einzelausstellungen und Beteiligungen an Gruppenausstellungen.

INHALT

Mutter unser 5
Akte Bamberg 6
Abort 11

Formel 1001 12
Syringe 13
Felder bei Gelmeroda 14
Persische Santur 15
An Hafis 16
Nacht und Nebel 19
Sozialist in flacher Landschaft 20
Ufer des Zemminsees im März 22
Zemminsee. September 25
An der Grobla 26
Ur 27
Vineta 28
Windstille 29

Apennin
Assisi 30
Buca di San Francesco 31
Claras Adresse 32
Clarisse 33
Schafskälte 34
Santa Maria degli Angeli 35

Am dritten Tag des Oktober 36
Hermaphrodit 39

Lesbos
Vatera 40
Plomari 41
Kalloni 42
Vor Assos 45

    Maß meiner Elegien 46
    Petaloudes 47

Minoa   Georgioupoli 48
    Preveli 49
    Taverna Zorbas 50
    Falassarna 51
    Archanes 52
    Kato Zakros 53

    Antissa. Lesbos 54
    Berlin 1983 55
    Maria Rojach 1959 56
    Aus dem Journal der Löwenapotheke
         zu Weimar 59

    Verstummter Leich 60
    Strasse zur Rollwenzelei 61

Pflasterstein für Jean Paul
    Unterseite 62
    Oberseite 65
    Ostseite   66
    Westseite 67
    Südseite 68
    Nordseite 69

    Eintrag neunter Zweiter fünfundvierzig 70
    Grossmutter 74
    Grossvater 75

    Teichgasse 76

Die ersten Exemplare dieser Ausgabe sind arabisch
numeriert von 1 bis 100 und von der Autorin und dem
Künstler handschriftlich signiert. Weitere hundert signierte
Exemplare sind römisch numeriert von I bis C, ihnen liegt
zusätzlich eine signierte Offsetlithographie von
Walter Sachs lose bei.
Satz und Gestaltung: Eremiten-Presse
Druck: Rolf Dettling, Pforzheim
Bindearbeiten: Günter Weber, Mühlacker
© Verlag Eremiten-Presse, Düsseldorf
ISBN 3-87365-330-3
Erstausgabe
2003